# 编委会

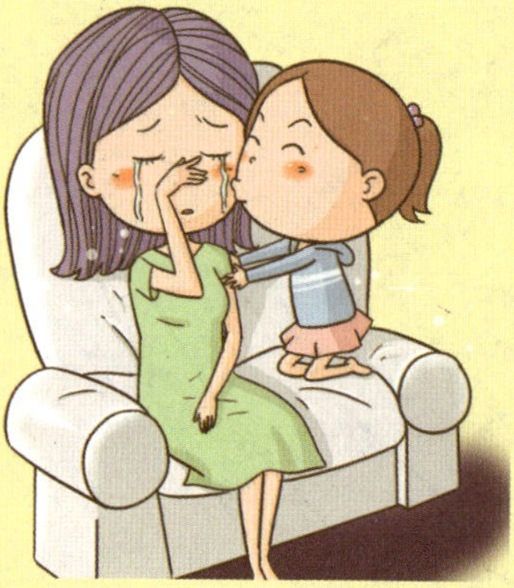

主　编：李　唯

编委会：黄蓓红　王　杰　吴湘梅　范营媛
王凯莉　饶珊珊　何佳华　曹　聪
胡　禛　杨秋玲　李亚文　毛婷婷
黄茹燕　陈怀超

# 我的关怀很温暖

李唯◎主编

中国大百科全书出版社　　知识出版社

图书在版编目（CIP）数据

我的关怀很温暖 / 李唯主编 . —— 北京：知识出版社，2023.1

（小学生生命关怀书系）

ISBN 978-7-5215-0619-8

Ⅰ . ①我… Ⅱ . ①李… Ⅲ . ①心理健康 – 健康教育 – 小学 – 教学参考资料 Ⅳ . ① G444

中国版本图书馆 CIP 数据核字（2022）第 224749 号

## 我的关怀很温暖　　　李　唯 主编

出 版 人：姜钦云
责任编辑：朱金叶
责任印制：李宝丰
出版发行：知识出版社
地　　址：北京市西城区阜成门北大街 17 号
邮　　编：100037
网　　址：http://www.ecph.com.cn
电　　话：010-88390659
印　　刷：天津光之彩印刷有限公司
开　　本：650 毫米 ×920 毫米　1/16
字　　数：72 千字
印　　张：10
版　　次：2023 年 1 月第 1 版
印　　次：2023 年 3 月第 1 次印刷
书　　号：ISBN　978-7-5215-0619-8
定　　价：30.00 元

# "小学生生命关怀书系"序言

李唯校长和她的同事们秉承"生命关怀为本、幸福发展至上"理念所编著的"小学生生命关怀书系"即将出版，可喜可贺。李校长嘱托我写序，我对这套书系所涉猎的主题也十分感兴趣，特坦言两点体会，以作交流。

一、关怀的关键在于关怀关系的建立

主张教育要"生命关怀为本"是非常正确的；但是，广大教育工作者需要谨记在心的是：关怀的关键在于关怀关系的建立。

关怀并不是一种事先就存在的事物，关怀只会发生在关怀关系之中。美国著名教育哲学家内尔·诺丁斯所言"关怀是一种关系"，最大的理论贡献即在这里。若教师或者学生只是在单方面"想"关怀他人，或者只是单方面按照自己的想象去开展所谓"关怀"他人的活动，关怀十有八九不会真实发生。许多关怀失败的教师、家长都抱怨学生说，自己为孩子们"操碎了心"，孩子们却一丁点儿都不领情，所以孩子都是"白眼狼"。殊不知，问题不在学生，而在教育者自身的所谓关怀并没有建立在真正的"关怀关系"之上。一个不能设身处地站在对方（被关怀者）立场上想问题，不能真正理解、切实感动、有效帮助到对方，不能让对方"有获得感"的人，是不可能实施有效关怀的。

所以，重点不是要不要关怀，而是如何实现有效的关怀。关怀教育不是单方面的认知、情感的品德培育，关怀能力提升的关键在于培育关怀者实现"动机移置"，建立关怀关系的意识、情感与能力。

二、幸福生活是对肤浅快乐的超越

幸福生活是人生的终极追求，当然也是教育的根本目标。

"幸福发展至上"的理念是完全正确的。理解幸福的关键在于：幸福生活应当是对肤浅快乐的超越。

在日常生活里，许多人将幸福与快乐相等同。喝一瓶啤酒也"幸福死啦"，故儿童的幸福有可能就是满地撒欢那种令人感动的感性的"欢快"。如果这样理解幸福，幸福的教育就会让孩子在快感中沉沦，真正的教育永远都不会发生。

应该承认，完整的童年是需要"快乐"，包括游戏等的快乐的；但教育最需要提供的，不是肤浅的快乐，而是精神的愉悦。"幸福发展"一方面是身心健康、劳逸结合、自由个性意义上的"全面发展"；另一方面，也许更重要的应当是：孩子通过教育愉快学习，进而通过愉快学习获得精神上的享用——孩子们当下就能获得对已有人类文化的欣赏、掌握的愉悦，更有创造新文化、推进新文明的幸福。因此，教育活动追求内容与形式上的"美感"十分重要。因为在对教育内容与形式之美的欣赏中，孩子们获得的一定是精神意义上的幸福感。

由衷希望"小学生生命关怀书系"对"生命关怀为本、幸福发展至上"理念的用心坚持能够对有相同追求的教育界同人有借鉴意义。

檀传宝

*2021 年 2 月 24 日 于京师园三乐居*

（檀传宝，北京师范大学教育学部教授、学部学术委员会主席，北京师范大学公民与道德教育研究中心主任，全国德育学术委员会理事长）

# 遇　见

世上的一切都是遇见。

冷遇见暖，就有了雨雪；春遇见冬，就有了岁月；天遇见地，就有了永恒；人遇见人，就有了生命……

人生就是一场又一场的遇见。

遇见父母，你拥有了生命和无尽的关爱；

遇见老师，你学到了知识和做人的道理；

遇见朋友，你获得了陪伴和无私的帮助；

遇见真理，你汲取了力量和心灵的滋养……

生命始于遇见，但又不止于遇见。

我们遇见欢乐，收获了理解；

我们遇见悲伤，收获了真情；

我们遇见成功，收获了能力；

我们遇见挫折，收获了成长……

成长路上，我们一直在遇见：遇见过去，遇见现在，遇见

将来，遇见未知的自己……

正如马丁·布伯所说："所有的真实生活，都是遇见。"

——李　唯

# 目 录

# 第一课
# 相遇是奇迹

每个人的生命都是一个奇迹，你知道自己是从哪里来的吗？你和爸爸妈妈的相遇也是一个奇迹哦！下面让我们一起开启生命之旅吧！

# 生命的奥秘

　　我们每一个人都是人类生命的独特样本。随着一声哇哇啼哭，宣告着我们来到了这个世界。从出生的那一天起，我们就开始在爱的包围中享受生命的旅程，也给父母和周围的世界带来了欢笑和喜悦。从一个小小的细胞长成可爱的婴儿，生命的孕育是多么不易，而我们与父母的相遇更是上天赐予的难得的缘分。

　　有这么一组数据：世界上有约80亿人口，我们一生会遇到3000万人。假设平安活到80岁，会认识

3000 人左右。大千世界，茫茫人海，我们能够和父母相遇，是天大的机缘巧合。

我们的成长、成人、成才，都凝聚着父母无微不至的关爱。在我们生病的时候，他们对我们悉心照顾；当我们难过的时候，他们总是安慰我们。

我们的生命也寄托着父母的希望，能够和他们相遇，我们是多么幸运！

他们给我们的爱，值得我们好好去体会，用心去珍惜，感恩这奇迹般的遇见。

## 圆桌派

1. 我们是怎样来到这个世界的？

_____

_____

_____

2. 为什么说你和父母的相遇是一个奇迹？

_____

_____

_____

3. 在家里你是怎么和父母相处的？谈一件令你感动或难忘的事。

_____

_____

_____

## ◎ 活动坊

**活动1：听一听，记一记**

1. 与妈妈进行一次访谈，了解妈妈生自己时所受的痛苦。

2. 向爸爸妈妈了解自己出生当天的故事，记录一个最感人的小细节。

**活动2：贴一贴**

你知道什么是抓周吗？向爸爸妈妈了解你抓周的故事。

把你100天时拍的全家福照片贴在这里

## ◎ 拓展营

### 拓展：做一做

制作一张"爱的明信片"，写上你对妈妈的爱和祝愿，然后送给妈妈。

## ◎ 小视野

### 生命的诞生

生命是最宝贵的，每个生命都是奇迹。动物、植物有生命，就连微生物也有生命，而我们人类的生命是地球上所有生命中最具灵性、最奇特的。那么，人的生命是如何诞生的呢？

有人认为人类是由神创造的，比如女娲造人、上帝造人，这些神话故事满足了人类早期的认知。但随着人类认知能力的提高，我们一直想探寻生命真正的起源。

1946 年，美国物理学家伽莫夫提出了大爆炸理论，认为大约 140 亿年前，宇宙由一个致密炽热的奇点发生大爆炸而形成。宇宙爆炸后不断膨胀，导致温度和密度迅速下降，逐步形成原子、原子核、分子，然后复合成为通常的气体，气体凝聚成星云，星云进一步形成各种各样的恒星和星系。后来，在太阳系中有了地球，这里诞生了生命。

19 世纪中叶达尔文发表了《物种起源》，认为不同物种在不同环境中会选择最适合自己的生存方式。人类在 6500 万年前从猿类开始进化，在漫长的岁月里，进化出智慧大脑，从而能够从蒙昧走向文明，创造现在的人类文明。

# 第 二 课
## 我 是 营 养 师

食物是宝贵的，我们的生活离不开各种食物，在我们享用食物的同时，要学会珍惜食物。让我们一起走进食物的天地，认识它们，了解它们吧。

# 让我们的膳食更健康

俗话说："民以食为天！"每天我们都要和食物亲密接触。许多人认为只要食物味道好、能吃饱就可以了。但事实真的如此吗？如果我们饮食不均衡，长期摄入脂肪和胆固醇比例过高，容易引起高血脂、高血压、高胆固醇，引发心脑血管疾病。而饮食均衡的关键在于营养均衡。

人类的食物多种多样，每种食物所含的营养元素也不完全相同，但人体对营养摄入的基本准则是一样的。人体需要的营养物质主要有糖类、脂肪、蛋白质、水、无机盐、维生素等。糖类可以为人体提供能量，脂肪可以为身体存储能量，蛋白质是构成人体细胞的基本物质，水可以溶解营养物质并运送到各个器官，无机盐是构成人体组织的重要原料，维生素可以促进人体各项生命活动。只要我们坚持均衡膳食，就能获取这些充足的营养物质。平时饮食中，应保持食物多样，谷类为主，粗细搭配；多吃蔬菜、水果和薯类；每天吃奶类、大豆或豆制品；常吃适量的鱼、禽、蛋和瘦肉；减少烹调用油量，吃清淡少盐膳食。

谷类食物是我们传统膳食的主体，主要包括米、面、杂粮，里面有丰富的碳水化合物、蛋白质和膳食纤维，能为我们身体带来能量。

新鲜的蔬菜和水果是营养均衡的关键。蔬菜、水果包含丰富的维生素、矿物质和膳食纤维。薯类则含有丰富的淀粉、膳食纤维和多种维生素。它们有助于提高身体免疫力，降低患肥胖症、高血压等慢性病的风险。

奶类和豆制品含有丰富的优质蛋白质，奶类含钙量较高，是儿童和青少年生长发育、增加骨密度的好帮手。

鱼、禽、蛋和瘦肉都属于动物性食物，是优质蛋白、脂类、B族维生素和矿物质的良好来源，是平衡膳食的重要组成部分。

减少烹调用油量，可以减少油脂的摄入，有助于控制体重。少吃盐，有助于降低高血压的患病率。

研究表明，进食量和运动是保持身体健康的两个主要因素，在饮食均衡的同时，我们也要坚持运动。

## ☺ 圆桌派

1. 人体需要哪些基本的营养物质？

_____

_____

_____

2. 怎样设计一份营养均衡的食谱？

_____

_____

_____

3. 为了保持身体健康，你打算做哪些运动呢？

_____

_____

_____

## ◎ 活动坊

### 活动1：说一说

我是🍎，我体内富含纤维物质，可以补充小朋友们体内的维生素，我的作用很大，可以消除口腔内的细菌，改善肾脏功能，调节消化功能。

我是🍑，我体内含有丰富的蛋白质、脂肪、糖、钙、磷、铁和维生素 B、维生素 C、胡萝卜素及大量的水分，经常食用，可以止咳润肺，降低血压，令人面色红润。

### 活动2：猜一猜

1. 红口袋，绿口袋，有人害怕有人爱。（打一蔬菜）

2. 不是葱，不是蒜，一层一层裹紫缎。说葱长得矮，像蒜不分瓣。（打一蔬菜）

3. 瘦长的身材，翠绿的皮肤，全身是疙瘩，丑了自己美

了别人。（打一瓜类）

4. 紫红藤，地上爬，藤上长绿叶，地下结红瓜。（打一粮食作物）

## ◎ 拓展营

### 拓展：我是节约小能手

班级举行"我是食物节约小能手"活动。比赛规则：以一周时间为限，参加午餐午休的同学为参赛选手，每天午餐时，观察剩饭最少的同学，累计一周，选出前三名同学，给予"食物节约小能手"荣誉称号。

### 健康的饮食习惯

大家都知道，人体的许多疾病都与饮食有很大的关系。饮食不仅可以提供给我们人体所需要的能量以延续我们的生命，还是增强人体免疫力和拥有健康生活的重要保障。香喷喷的鸡鸭鱼肉、新鲜的蔬菜水果沙拉、甜美的奶油乳酪、诱人的葡萄美酒，无不让人垂涎三尺。但是，在我们尽情享受美味的同时，还要知道它们与我们的生命健康息息相关。

不合理的饮食会产生大量的"人体垃圾"，进而引发各种各样的疾病，这已经成为人们的共识。尽享美食和拥有健康，是我们所有人的梦想。养成科学的饮食习惯，主动学习饮食的相关知识，并且能够运用到我们的实际生活中来，这对自己和家人都是有很大益处的。

1.定时定量，少食多餐

定时定量的饮食习惯有益于人体生理节奏的调整，也便于压力的解除。白天少食多餐，可以提高代谢率，稳定情绪，保持能量充足。

2.一定要吃早餐，避免暴饮暴食

有营养的早餐可以维持自身的血糖平稳，保证一天精力旺盛。少食多餐，每餐七八分饱就可以了，不给胃造成过重的负担。

3.尽量减少脂肪摄入量，饮食以清淡为主

饮食以清淡为主，荤素搭配。多吃未加工的食物，不要摄入太多的油脂。

良好的生活习惯，是一种无法替代的营养剂。因此，在平时的生活中，我们一定要注重饮食细节，养成良好的饮食习惯。

# 第三课
# 做最好的自己

做最好的自己，就是要认真过好每一天，要看到自己的长处，不断地自我突破，勇敢地大步往前。

# 青鸟在哪里

　　白天上课的时候，老师提了一个问题："怎样成为最好的自己？"晚上，阿朵躺在床上翻来覆去，她想：我不像莉莉，有漂亮的眼睛；我不像珍珍，有动听的歌喉；我不像多多，每次都能考100分……阿朵越想越沮丧，决定去寻找传说中的青鸟。她相信青鸟能带来好运，让她成为一个非常优秀的人。

　　阿朵路过一座石桥，看到一位老人正扛着一个大包裹颤巍巍地往前走。阿朵立马跑了过去，说："老爷爷，我来帮您拿东西吧！"

老爷爷连连道谢，感叹道："谢谢你，好孩子，你真好！我年纪大了，还是年轻好啊。"

阿朵乐了，问道："爷爷，您知道青鸟在哪里吗？"

"你找青鸟干什么呀？"老爷爷问。

阿朵说："听说青鸟象征着幸福。只要对青鸟许愿，就能梦想成真。我要找到它，我要做最棒的自己！"

老爷爷沉吟了一会儿，说："好嘛！那你往南走吧，青鸟生活在温暖的地方。"

阿朵往南走啊走，翻过了一座山又蹚过一条河，她走进了一片树林中。忽然，阿朵听到一阵窸窸窣窣的声音，她停住了脚步。"救命啊救命！快救救我！"一只画眉鸟扑棱着翅膀焦急地冲阿朵飞了过来。阿朵冲过去，看到鸟巢掉在了地上，雏鸟宝宝正在鸟巢旁边瑟瑟发抖。一条狗正虎视眈眈地盯着地上的雏鸟，嘴里发出呜呜的声音。阿朵抄起地上的一根木棒，大喝一声赶走了狗，把鸟巢重新固定到枝丫上。

画眉鸟扑棱着翅膀，围着阿朵唱起了歌："勇敢的姑娘，善良的姑娘，你是这世上最美的姑娘。"

阿朵心里美极了，她问："画眉画眉，你知道青鸟在哪里吗？"

画眉鸟问："你找青鸟干什么？"

阿朵说："我要对青鸟许愿，成为最好的自己。"

画眉鸟叽叽喳喳地说："快往前走吧往前走！据说青鸟住在前面那座最高的山上！"

阿朵走啊走，终于来到那座山的山脚下。她遇到了一只小蚂蚁。小蚂蚁嘿哟嘿哟地哼着歌，正费劲地拖着一颗麦粒。阿朵蹲下来看了大半天，它才拖动了小拇指那么长的一截距离。

阿朵很疑惑，问道："喂！小蚂蚁，这么辛苦，你还唱歌啊？"

"这就是我的生活呀，虽然辛苦但充满希望。"小蚂蚁说。

"那你见过青鸟吗？"阿朵问。

小蚂蚁哈哈大笑："哪有什么青鸟！我家祖祖辈辈生活在这里都没见过呢。"

阿朵挠挠头："那青鸟到底在哪儿呢？"

小蚂蚁说："在你心里呀。"

阿朵喃喃自语："我明白了，青鸟不在南方，也不在最高的山上，它在我们心里。"

## ◎ 圆桌派

1. 阿朵找到青鸟了吗?

_____

_____

_____

2. 你觉得阿朵能成为最好的自己吗?

_____

_____

_____

## ◎ 活动坊

### 活动：小组交流讨论

1. 什么是最好的自己？

_____

_____

_____

2. 怎样才能成为最好的自己？

_____

_____

_____

# 🌀 拓展营

## 拓展1："优点大轰炸"

"优点轰炸"就是大家一起给同学找优点。让我们看看他人眼中的自己是怎样的，同时也看看我们班上哪些同学最善于发现别人的长处。

游戏规则：

1. 小组成员轮流对一名同学进行优点大轰炸，对其优点（如性格、特长、处事方式等多方面）进行称赞。

2. 当你被"轰炸"时，要数好别人称赞你的优点个数并记录下来。

## 拓展2：我为自己代言

生活中，你一定见过形形色色的广告宣传。有的广告宣传让你激情澎湃，有的让你捧腹大笑，有的让你恨不得马上买回家。广告宣传可以让大家知道产品的功能和优势，从而了解它、喜爱它，愿意花钱购买它。广告宣传往往也代表着一个企业的形象。其实，我们每个人也应该关注自己的形象塑造。这会让大家更好地了解你，亲近你。今天，请你为自己代言吧！

游戏材料：纸、笔。

游戏规则：

1. 用写或者画的形式，为自己做一个宣传海报。

2. 创作一个宣传剧本，并用一句话给自己代言。

3. 演出自己的剧本，可邀请其他组员扮演一定的角色或道具。

# 综合活动（一）

# 角色对对碰

## ——我是小家长

父母在赋予我们生命的同时，也给我们带来了一生的爱。无论日月如何轮回，无论世事如何变迁，父母的爱都是最真最纯的！小朋友们，我们以一周的时间为限，与爸爸妈妈互换角色，我们也来当一回家长，你们能做好吗？

### 一、我是暖宝宝

1. 主动给爸爸妈妈打洗脚水，帮他们洗脚，并跟他们说："您辛苦了！"

2. 主动陪爸爸妈妈聊天，讲述自己在学校的趣闻趣事。

3. 主动和爸爸妈妈一起看电视，帮他们按摩，缓解疲劳。

万逸琳 绘

陈怀超 绘

## 二、我是小能手

1. 做饭时主动给爸爸妈妈打下手，如择菜、洗菜、切菜。

2. 主动整理卧室，分担家务活。

3. 主动帮爸爸妈妈拿东西，倒垃圾。

陈怀超 绘

万逸琳 绘

## 三、我是小向导

提议和爸爸妈妈去郊游，主动查好路线，帮爸爸妈妈拍照片、背书包，做他们的小导航。

陈怀超  绘

活动结束后，老师会采访你们的爸爸妈妈，让爸爸妈妈根据你们的表现在表格中画✓，哪位小朋友得到的"满意"最多，老师会奖励你们小红花，看看谁能成为我们最棒的小家长。

| | 满意 | 比较满意 | 不满意 |
|---|---|---|---|
| 我是暖宝宝 | | | |
| 我是小能手 | | | |
| 我是小向导 | | | |

# 第四课
# 我爱我家

家是心灵的归宿，情感的寄托，温暖的港湾，幸福的天地。每个人都有一个家，那是充满欢声笑语的地方，那是整洁舒适的地方，那里有最熟悉的亲人。我们与亲人分享喜悦，倾诉烦恼。我爱我的亲人，我爱我的家。

# 爱的时光屋

　　林林是一名三年级的小学生，他最近有一些烦恼。林林觉得最近爸爸妈妈好像不是很爱他了。

　　比如说，放学的时候，爸爸不再帮他拿手上的东西，而是对他说："林林，你应该学会自己收拾好自己的东西，而不是每次都让别人去帮助你。"又比如，在家里的时候，以前不管他把家里弄得多乱，妈妈都不会用严厉的语气让他把东西收拾好。但是，自从成为三年级的学生，很多以前爸爸妈妈会帮忙做的事情现在都要自己去做了，爸爸妈妈只用言语去指导他，而不会像以前一样直接帮他去做。

林林这天因为没能在玩耍后收拾好自己的玩具，被妈妈要求取消今天半小时的看电视时间，他非常难过，躺在床上烦恼着，不知不觉就睡着了。梦里，林林遇见了一位长得非常慈祥的科学家老爷爷，老爷爷说："我刚好做出了一台时光机，可以穿梭未来和过去，你要不要去试一下，当我的志愿者？"

林林很怀念过去美好的生活，于是勇敢地坐上时光机。回到了自己第一天上幼儿园的时候，他看到了哭闹着不肯上幼儿园的自己，看到了送自己去幼儿园后，回家路上眼睛红红的妈妈，她当时一定也跟自己一样很舍不得；他又回到了第一次跟爸爸去打篮球的时候，那时候他才一年级，但是爸爸会把他高高举起，让他把小篮球扔进篮筐，感受运动的魅力……

林林看到了好多好多以前的回忆，也看到了自己不断长高，不断长大。他忽然明白，自己已经长大了，以前他需要妈妈帮忙才能收拾好书包，现在他自己就可以做好。爸爸妈妈一直都是爱他的，只是随着成长，爱的方式改变了，爱的心从来都没有变过。

## ⊚ 圆桌派

1. 林林的爸爸妈妈对林林的爱减少了吗？

_____

_____

_____

_____

2. 爸爸妈妈后来用什么方式来表达对林林的爱？

_____

_____

_____

_____

# ◎ 活 动 坊

## 活动1：读一读，想一想

### 次北固山下

**【唐】王湾**

客路青山外，行舟绿水前。

潮平两岸阔，风正一帆悬。

海日生残夜，江春入旧年。

乡书何处达？归雁洛阳边。

### 秋思

**【唐】张籍**

洛阳城里见秋风，欲作家书意万重。

复恐匆匆说不尽，行人临发又开封。

请思考下面的问题：

1.《次北固山下》和《秋思》中最重要的一句话各是什么？

2.《次北固山下》中的"海日生残夜，江春入旧年"，除了描写时序更替，暗示时光流逝，令人顿生思乡之情外，还能引发你怎样的联想？

## 活动2：做一做

要求：字迹清晰，自主设计。

请你为爸爸妈妈做一张明信片，表达自己对他们的爱。

## ⊚ 拓展营

### 拓展 1： 说 一 说

1. 与父母共读《爱的教育》或《窗边的小豆豆》。

2. 小组内分享自己读了哪一本书，自己的感觉是怎样的，爸爸妈妈的感觉是怎样的，读书的过程中你的感觉如何？

### 拓展 2： 跳 一 跳

跟随《感恩的心》的音乐，学习手语舞蹈《感恩的心》。在学习中，体会歌曲中的爱，并回家表演给爸爸妈妈看，让他们感受到你对他们的爱。

# 第 五 课
# 夸 夸 我 的 好 朋 友

我们每个人都会和自己喜欢的人交朋友。当我们能够发现朋友身上的优点，并且真诚地赞美对方时，我们之间的关系就会变得越来越亲近。同学们，你最欣赏朋友身上的哪个优点呢？

# 欣赏朋友的优点

从前，有一只骆驼和一只山羊是好朋友，它们一个个子高，一个个子矮。有一天，它们一起去公园里散步，说着说着就谈起身高的问题。

骆驼毫不犹豫地说："当然是高好，只有长得高，才能够到高处的树叶。你看，再高的树叶，我也够得着。"说完，它一抬头就吃了一口树叶，然后得意地看着山羊。山羊也努力去够高处的树叶，但是它怎么伸长脖子也够不到一片树叶。山羊不服气，走到公园里的一个栅栏门口，山羊一拱身子就进去了，一边吃起里面的草，一边对栅栏外的骆驼炫耀说："还是矮好，只有矮一点，才能钻进栅栏。你看这里的草多嫩啊。"骆驼趴下身子，使劲往里钻，也没能够吃到里面的青草。

它们还是互相不服气，又吵了起来，始终觉得自己的优点才是最棒的，不肯让步。路过的老牛看到了，老牛说："高有高的好处，矮有矮的好处，我们不能只看到自己的好处，也要看到朋友的优点，要学会欣赏朋友的优点！"听了老牛的话，骆驼和山羊都十分惭愧。

后来，骆驼会把高处的树叶扯落下来给山羊吃；山羊会把栅栏里的嫩草分给骆驼，它们的友谊也变得越来越好。

朋友之间，如果只看到自己的优点，而忽视别人的长处，就会总是对朋友不满意，这样的友谊也很难长久。反之，要是我们能够学会欣赏朋友的优点，懂得称赞朋友，那么朋友之间的友谊就会越来越深厚。

## ◎ 圆桌派

1. 山羊和骆驼为什么会吵架呢？

_____

_____

_____

2. 山羊和骆驼为什么能和好呢？

_____

_____

_____

3. 你有没有和朋友因为互相不服气而吵过架呢？你现在再想一想，你的朋友是不是也有让你佩服的优点呢？

_____

_____

_____

## ◎ 活动坊

### 别董大二首（其一）

**【唐】高适**

千里黄云白日曛，北风吹雁雪纷纷。

莫愁前路无知己，天下谁人不识君？

读一读这一首诗歌，感受一下诗人对朋友的感情。

**活动2：想一想**

红红的好朋友林林最近很伤心，因为他在书法比赛中没能取得好成绩，他很难过，觉得自己失败了。林林练了很久的书法，但是那天他的身体不太舒服，没有发挥出自己的水平。林林现在觉得自己什么都做不好，做什么都没有自信。作为林林的好朋友，红红应该怎么安慰林林呢？你能帮红红想一想吗？

## ◎ 拓展营

### 拓展 1： 忆 一 忆

请同学们深呼吸，静息，欣赏一段优美的音乐。回忆一下你和朋友是如何相识的。在你与朋友相处的过程中，朋友有没有做过什么事情让你觉得特别感动，他／她身上有没有什么优点让你觉得很佩服的呢？如果你的朋友现在就在你面前,你会对他／她说什么呢?

### 拓展 2： 写 一 写

每个人都需要别人的鼓励和夸奖，才能有源源不断的动力去进步。我们喜欢爸爸妈妈的夸奖，喜欢老师的表扬，也喜欢来自朋友的鼓励和欣赏。当你真心夸奖你的朋友时，不仅会让你的朋友很高兴，还会让你和朋友之间的友谊变得越来越深厚。

请你把你刚刚想到的对你朋友夸奖的话写成一封信，然后送给你的朋友吧！

# 第六课
## 师恩难忘

在我们成长的道路上会遇到很多老师，他们用无微不至的关怀，让我们在学习和成长的道路上感到温暖。作为学生，我们也要主动回应老师的关怀，让关怀的种子慢慢发芽成长。

# 爱的苹果

李老师这个学期新接手了一个班，班上有一个叫小方的男孩子引起了他的好奇。小方是一个内向安静的学生，他很少和班上的同学打交道，学习成绩也不怎么好，平时总是一个人默默地在自己的座位上玩自己的东西。

有一天，小方上学迟到了，班主任李老师来找小方了解情况，原来当天早上小方的爸爸妈妈睡过头了，没有叫小方，小方连早饭都没吃就一路小跑来到了学校，可还是迟到了。进一步聊天后李老师发现，小方的爸爸妈妈平时工作很忙，很少有时间能够陪伴小方，家里也没有人陪他一起玩。李老师这才恍然大悟，原来小方沉默安静的原因是缺乏陪伴和交流。这一次李老师没有批评小方，而是把他桌上的一个苹果递给小方吃，让他别饿着，同时温柔地告诉小方，让他以后不要空着肚子来学校上课，如果实在来不及吃东西，可以来办公室找老师，并且让小方以后每天中午来到学校后都来和老师聊会儿天。

从此以后，李老师每天固定地与小方聊天，从学习到生活，他们什么都聊。渐渐地，小方和李老师成了无话不谈的朋友。与此同时，小方身上的一些"坏毛病"慢慢减少了，他不再在课堂上开小差了，作业也认真完成了，因为他知道李老师时时刻刻在关注着他。有一天，李老师没有来学校上课，听说李老师生病了在家里休息。小方知道后很担心，希望李老师能快点好起来，下午他从家里拿了一个苹果放在了李老师的办公桌上，因为他听爸爸妈妈说吃苹果对身体好。第二天，李老师回到学校，看见桌上摆着的那个苹果，温暖地笑了，因为李老师知道，这是一个充满爱的苹果。

## ⊚ 圆桌派

1. 小方原来表现怎么样？

_____

_____

_____

2. 小方后来的表现又怎么样？

_____

_____

_____

3. 小方用什么方式回报了李老师的关心？

_____

_____

_____

# ◎ 活动坊

## 活动1： 读一读

### 己亥杂诗·其五

【清】龚自珍

浩荡离愁白日斜，吟鞭东指即天涯。

落红不是无情物，化作春泥更护花。

## 活动2： 做一做

动动你的小手，给你最喜欢的老师亲手做一张爱心感恩卡片吧！

你可以在卡片上画上鲜花和爱心，写上你想对老师说的话。最后，把这张卡片当面送给这位老师。

## ◎ 拓展营

### 拓展1：演一演，我是小老师

同学们，想不想尝试一下当老师的滋味呢？请通过演一演的方式和老师调换角色，来体验一下当老师的感觉吧！

1. 课堂上分成四组，每个组派一个代表当小老师。

2. 请四位小老师依次上台为同学们讲故事。

3. 每个小老师要求与台下的同学互动两次，并且在黑板上给每个小组听故事时的表现进行评分。

4. 最后，请四位小老师谈一谈自己当小老师给同学们讲故事时的感受。

### 拓展2：老师和我有个约会

老师是学校里最关心我们的人，我们经常接收到来自老师的关心，却很少有同学去主动关心我们的老师。

在班级内选出两位小记者，对班级里的老师进行采访，邀请老师和同学们谈一谈自己的心里话。比如说，当老师看到同学们不认真听讲时的感受，看到同学们认真学习时的感受，看到同学们调皮捣乱时的感受，以及看到同学们文明有礼时的感受，让同学们了解一下老师面对同学们时内心里的真实想法。

## ◎ 小视野

### 一辈子的师生情：鲁迅和藤野先生

鲁迅是近代中国最伟大的作家之一，他写下了不少脍炙人口的好文章，其中《藤野先生》这篇文章回忆了他和在日本留学时遇到的老师藤野严九郎的交往过程。文章语言简约、质朴，情节简明，字里行间饱含着对老师的深厚感情。

1904 年，周树人（鲁迅原名）在仙台医学专门学校与解剖学教授藤野先生相遇，当时藤野先生讲授解剖学这门课，课后他要求周树人将课堂笔记给他看。两三天后笔记本还回来了，周树人打开一看，心中充满了惊奇与感激。原来听课笔记中文字与图表的错误，藤野先生都用红墨水做了详尽细致的订正，这让身处异国他乡的鲁迅倍感关怀和温暖。这种悉心指导在周树人上藤野先生的课以后一直持续着，两个人的关系也越来越亲近，周树人在藤野先生的关怀下愉快地学习。后来周树人决心学习文学，他向藤野先生提出要从仙台医专退学。分别时，藤野先生赠给周树人一张照片，照片背面写着："惜别　藤野谨呈周君"。

虽然鲁迅最后没有走上医学的道路，而是成为著名的文学家，但他一直对藤野先生念念不忘。当他对自己的生平进行了回顾时，完成了一系列自传体散文，《藤野先生》就是其中感人至深的一篇。鲁迅之所以对藤野先生念念不忘，重要的原因就是藤野先生非但没有歧视这个中国留学生，反而特别关心、照顾他，这种关怀让远在异国他乡的鲁迅感到温暖，藤野先生也成了影响鲁迅至深的老师。

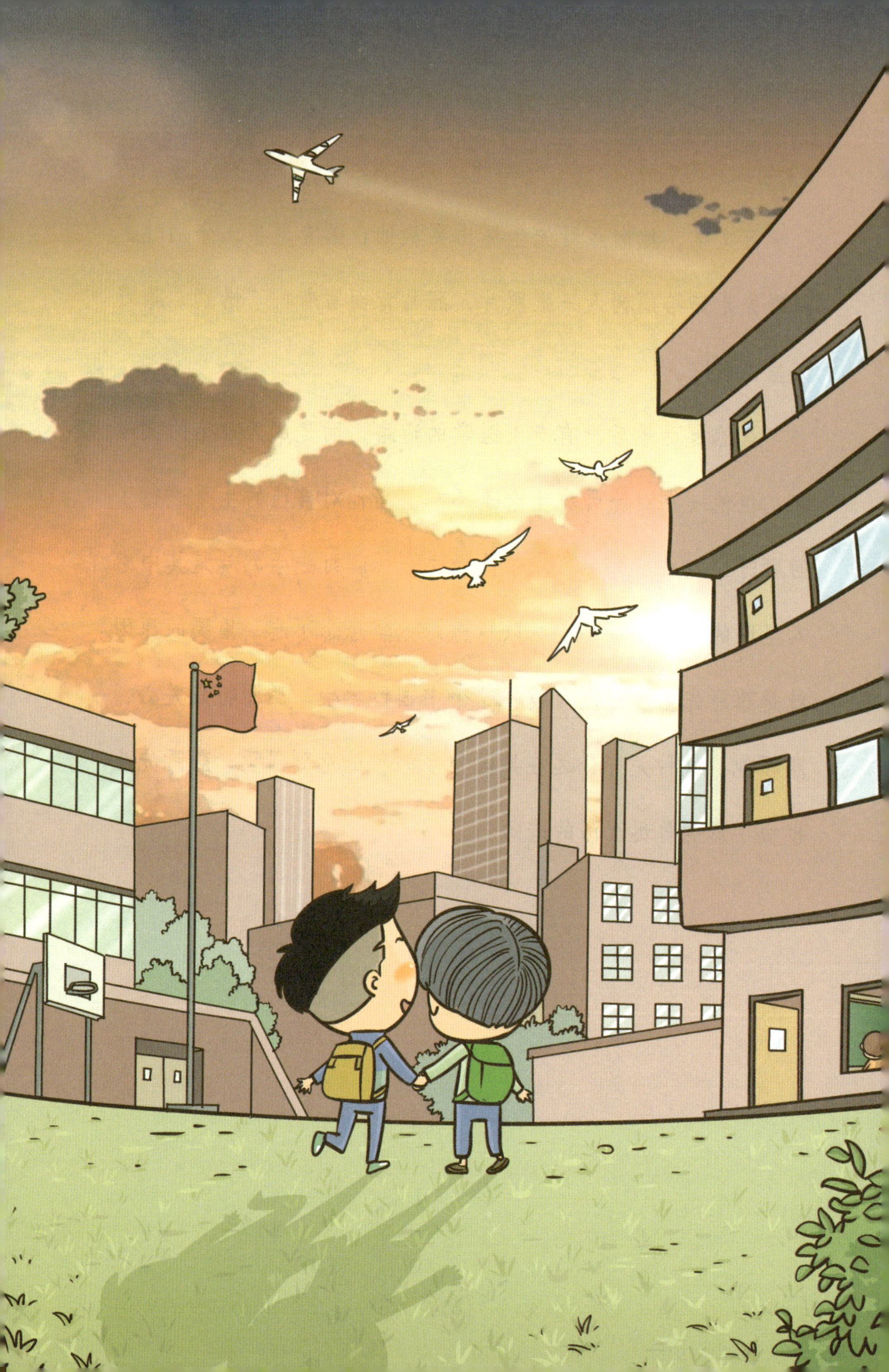

# 综合活动（二）

## 一、给老师的一封信

在我们的学习生活中，我们的老师们给了我们很多爱与照顾，但是我们常常不好意思去表达我们对老师的感激，或者找不到一个合适的机会去表达我们的爱。因此，借这个机会，为老师写一封信吧。

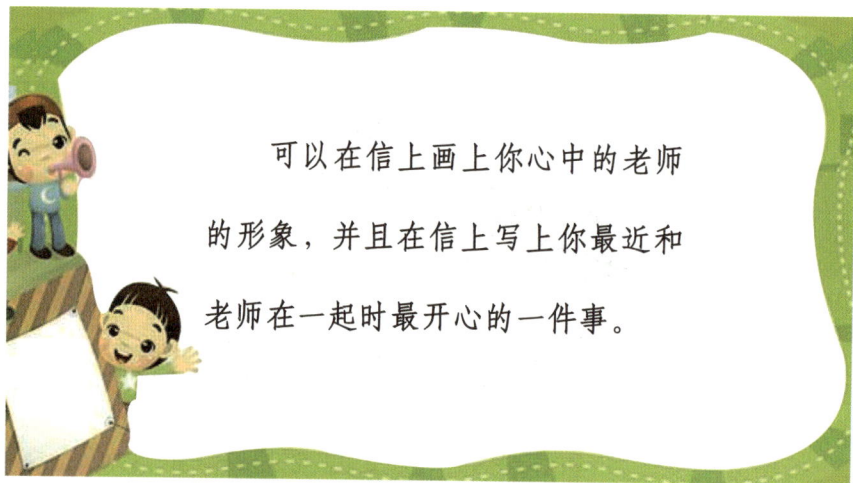

可以在信上画上你心中的老师的形象，并且在信上写上你最近和老师在一起时最开心的一件事。

## 二、夸夸我的好朋友

回忆一下和朋友在一起的时光，和你的同桌分享一下自己朋友身上最大的优点。

陈怀超 绘

### 三、因为你，我变成更好的自己

因为我们遇到了良师益友，所以我们变成了更好的自己。

说一说你从你的老师或者朋友身上学到了什么，你因此发生了

什么变化。

# 第 七 课
## 鲜 花 彩 虹

爱美之心，人皆有之，美是我们的共同追求。如何更好地亲近大自然中的青山绿水，让一草一树、一花一叶装点我们的生活，需要我们自己去创造。

# 最美的生日礼物

在一片茂密的森林里，各种动物植物都生活在这里。

今天这里非常热闹，原来这里所有的动物植物都在忙着准备小狮子辛迪的生日会呢。

"亲爱的辛迪，你的生日愿望是什么呀？"狮子妈妈问辛迪。"彩虹，我从来没有见过彩虹，我想在今天看见彩虹。"辛迪一边说着一边望着天空，"小羚羊说彩虹美极了，有好多种颜色呢！而且看见彩虹许愿，愿望就能够实现，可惜彩虹不是每天都有的。"

说着，辛迪有点失望地低下了头。

周围的狐狸啊，羚羊啊，还有小猴子、小老鼠都是小狮子的好朋友，看到他这么希望看见彩虹，他们几个就围在一起商量："我们该怎么帮他看到彩虹呢？"小猴子灵机一动说："有啦！小羚羊以前见过彩虹，我们可以请植物们来帮忙，我们给他做一道彩虹啊！"

他们来到树林边，掉落一地的山茶花像是燃烧的团团火焰，听说要为辛迪画彩虹，山茶花阿姨说："拾一朵山茶花吧，让彩虹去辛迪身边。"小猴子用山茶花瓣画出了一道红色的弧线。

他们来到花坛边，郁金香姐姐正在梳妆打扮，她的额头上敷了一层迷人的金粉。郁金香姐姐说："收下这片花瓣吧，也许它能帮助你们！"于是，小猴子用它涂出了一道鲜艳的橙色。

他们来到池塘边，黄色的康乃馨妹妹从身上取下一个小喇叭说道："也许你们正需要它。"小猴子用它画出了一道明亮的黄色。他们刚要离开，忽然传来了香樟树爷爷的声音："嘿！别忘了我呀！"于是，小猴子又用香樟树树叶涂出了一道清新的绿色。

他们来到草地上，蓝色绣球花就像夜空中的无数小星星眨着蓝色的眼睛。小猴子在花丛里摘了好多蓝色的绣球花花瓣。于是，他们又画出了一道迷人的蓝色。哪里有青色呢？小猴子摘了一株鼠尾草，青色有啦！

正在这时，紫藤叔叔在长廊下随风起舞，小猴子便捡起一串紫藤花说："太好了！最后的一道紫色有啦！"

第二天天刚亮，大家来到大树下，一道绚丽的彩虹出现在辛迪的眼前，他高兴地说："这美丽的鲜花彩虹是我收到的最最美的生日礼物！"

## ◎ 圆桌派

1. 绣球花帮了什么忙？

_____

_____

2. 青色来自哪里？

_____

_____

3. 想一想，如果你是小猴子，你还会用哪些植物给辛迪做彩虹？

_____

_____

## ◎ 活动坊

### 活动：贴一贴

辛迪得到了梦想的生日礼物——彩虹，请你也动动手，拾取身边的落叶或落花，发挥你的想象，贴一幅花叶贴画，来装饰你的卧室吧！

# ◎ 拓展营

## 拓展：植树知多少

地球的氧气离不开植物，植树造林可以美化家园，美化环境，保持生态平衡，世界上很多国家都根据本国实际情况设立了植树节，我们一起看看其他国家为了植树造林美化环境都有哪些特别的植树规定吧！

1.家庭树

波兰的一些地方规定：凡是生了小孩子的家庭均要植树3株，称之为"家庭树"。

2.树木银行

为了防止建筑工程毁坏树木，日本开办了"树木银行"。凡施工单位，必须把清理场地挖出来的带根树木及时存入"树木银行"，在工程结束后，该单位必须及时把树木取出来重新栽上，以保持原有的绿化面积。

## 盆栽艺术

盆栽又名盆景，如果从字面来看，指的就是种在盆子里的植物；若从艺术的观点来看，盆栽不仅仅是种在一个美丽盆子里的小树，还是把大自然景观缩入一个小小容器里的装置艺术。

很多人买盆栽是为了装饰家里的客厅或是花园，这显然是把盆栽看作一件器物。事实上，盆栽是活的雕像，是不断变化的活艺术品。这活艺术品随着季节变化而转变，反映着四季的变迁，盆栽和大自然是融为一体的，所以盆栽是属于室外的。我们如此近距离地观察大自然的季节演变时，能不敬畏与尊重大自然的超能量在一个小小容器里的奇妙表现吗？

盆栽艺术源自人们对大自然的尊敬与热爱，起源于古代的中国，住在寺庙内的和尚为了能把大自然带入他们寺庙的庭院里，把在山上看到的造型奇特的树挖掘回去种在盆里欣赏。据知，人们开始把植物栽培在容器里，可以追溯到公元前 6 世纪。

说到容器，特殊造型的盆栽容器就如同画的美丽画框，有好树就要有好的盆子来配。当树与盆融为一体时，更能够衬托出盆中树的美，增添盆栽的价值。

养盆栽可以怡情养性，在专注的修剪当中可以放松心情，将所有的杂念摒除，实在是对身心助益匪浅。总而言之，经由盆栽，我们能从繁忙纷扰的世界里抽身，瞬间进入宁静、平和的境界里。

# 第八课
# 人类共同的家园

地球是我们赖以生存的家园，破坏大自然就是破坏我们自己的家园。我们要好好保护环境，保护好我们自己的家园。

# 一去不复返的旅鸽

　　几百年前的北美大陆到处是森林和河流，各种各样的生物在广袤的原野上自由自在地生存、繁衍。在这个尚未开发的大陆上，动物的种类和数量都多得惊人。其中一种叫旅鸽的鸟类，是这个大陆的奇迹。它们性情温和，模样可爱。每年春天，它们成群结队地从南方飞往北方；到了秋天，又从北方南归。

　　由数亿只旅鸽组成的鸟群在天空飞过的情形十分壮观，它们排成了宽达 1.5 公里、长达 500 公里的鸟群带，羽翼遮天蔽日，天空都要为之一暗。

它们栖息下来时，整个森林便充满它们快活的叫声，热闹得像狂欢节一样。橡树林的果实会被它们啄食一空。

但是，这样庞大的鸟群，今天却已销声匿迹，无处可觅了，只有一只标本和几根被印第安人用作装饰品的羽毛留了下来。现在，人们只能大概地想象当年它们的壮观景象了。

这些可爱的鸟儿到哪儿去了呢？

应该责问那些首次踏上美洲大陆的殖民者。当年，他们一来到美洲大陆，就开始肆意砍伐森林、开山淘金、修筑城堡，使旅鸽失去了栖身之地。

更为可怕的是，人们用各种威力强大的火器来对付天空中飞过的鸟群。旅鸽在熟悉的森林中停歇时，从各地赶来的猎人早已准备多时。人们甚至用大车运来一群群的猪，等候在树林边。

入夜以后，人们点燃火把，端起猎枪，走进树林，对着安然入眠的鸟群疯狂射击。树林中顿时硝烟弥漫，鸟儿纷纷从枝头坠落，人们高声叫喊，欢快地大笑，如同过节一样兴奋……

天亮了，人们结束了屠杀，侥幸存活下来的旅鸽哀鸣着，重新聚集起来，飞向远方，只是队伍的规模已非比昨日，七零八落地消失在蓝天里。

太阳光射入森林，照着满地鸟尸。人们将急不可耐的猪群赶入树林，任凭它们大嚼地上的鸟尸，追逐地上受伤的鸟儿，一连数日都是用这些鸟肉来给猪群作饲料。

人们毫无节制地射杀旅鸽，甚至什么原因也没有，便冲着头顶飞过的鸟射击。

经过一轮又一轮的大捕杀，旅鸽从天空中飞过的规模越来越小，数量也越来越少。终于有一天，人们发现，这种曾经以为永远也射杀不完的动物一去不复返，彻底地从人们眼前消失了。

野生动物的种群和数量只有保持在一定水平和数量上，才能使一个地区的自然环境生机盎然，生态环境才能处于良性循环之中。只有这样，自然界才会生机勃勃，人类才能安居乐业。

## ⊚ 圆桌派

1. 旅鸽的灭绝对人类的生活有什么影响呢？

_____

_____

_____

2. 如果地球上只剩下人类，将会发生什么事情？

_____

_____

_____

3. 查阅资料，在过去四百年间，地球已经灭绝了多少种动植物了？

_____

_____

_____

## ◎ 活动坊

### 活动：分一分

游戏名称：垃圾分类接力赛

游戏准备：准备（厨余垃圾：香蕉皮、葱、土豆；其他垃圾：盘子、篮球、卫生纸；有害垃圾：创可贴、温度计、水彩笔；可回收垃圾：塑料瓶、书、汤勺）各4组的纸条和对应垃圾的实物照片，圈圈4个，4个分类垃圾桶照片。

游戏玩法：两人一组，一人先抽一张纸条，并记住纸条内容（是什么垃圾）。然后，站到起点，用圈圈套住相对应的垃圾实物照片。套中后，另一个学生将套中的垃圾实物照片粘到对应分类垃圾桶的下面。最后，把圈圈拿回交接给下一组同学。

注意事项：1.同组人需要记住纸条上是哪种垃圾；2.需要准确地把套中的垃圾实物照片进行分类；3.优先把所有垃圾正确分类完毕的小组获胜。

## ◎ 拓展营

### 拓展：做一做

请同学们制作一份精美的关于保护环境的手抄报吧。

## ◎ 小视野

### 新型海洋杀手——塑料垃圾

随着科技的进步，我们创造出塑料，塑料几乎改变了世界上各行各业。比如，塑料在我们的生活中代替了玻璃瓶，减少了我们受伤的风险，也降低了生产者的运输成本。我们生活中离不开塑料，但是我们不会处理塑料垃圾。上海每 16 天的垃圾就可以堆出一幢金茂大厦。杭州每三年的垃圾就可以填满西湖。这里面塑料垃圾的数量不计其数。

2009 年 9 月 10 日，美国国家地理网站报道，SEAPLEX（"斯克里普斯环境塑料积聚远征"的英文缩写）在 1700 英里（约合 2700 公里）的航行中发现大量塑料垃圾，形成了东太平洋上的垃圾场。这座超级垃圾堆形成的原因就是我们人类把废弃的空塑料袋等各种垃圾扔进下水道，这些垃圾在水流的作用下进入了海洋，不断运动的洋流使这些垃圾聚集在一起，最终形成我们看到的太平洋垃圾岛。这座漂浮在海面上的巨型垃圾岛主要由生活垃圾构成，其中 80% 都是废弃的塑料制品，主要来自陆地，重达 350 万吨。

这座垃圾岛中的垃圾有一小部分会被阳光和海浪分解成一些小碎片，这些小碎片在被鱼类误食之前，就像海绵一样会不断吸附海洋里的重金属和污染物。通过食物链，从小鱼到大鱼、鸟类和海洋哺乳动物，不断地向食物链的上层移动。在这个过程中，毒性也会不断被浓缩。我们人类在吃这些鱼的时候，也会把这些毒素吸收到自己体内。

一些较大的垃圾也影响着生物，一些鸟类和鱼类会错误地将塑料当成食物，导致消化系统受到阻塞。这样一来，误食塑料的鸟类和鱼类最终将因饥饿而死。曾经有这样一则新闻报道，一头抹香鲸的尸体被海水冲刷到西班牙的海边，引起当地政府的重视，要求相关部门把它运到岸上，通过解剖来验明其死因。然而，就在动物专家们给它解剖后，大家都被眼前的一幕惊呆了：它的消化系统中含有64磅，也就是29公斤左右的塑料垃圾！其中包含塑料袋、渔网和绳子，甚至还有一个油桶！由于吞食了这么多无法消化的塑料垃圾，最终导致这头抹香鲸胃部感染腹膜炎而死亡。

　　越来越多的海洋生物因塑料致死，有些海狗、海豹等哺乳类海洋动物被垃圾缠住难以脱身，甚至是有的海鸟的腹中都满是人类所丢弃的垃圾。同时，塑料的自然降解过程长达数十年。

　　自然环境是万物生存之本、发展之基，我们可以利用自然环境，改造自然环境，但归根结底，我们也是自然的一部分。

所以，我们必须保护自然环境，不能凌驾于自然之上。

作为小学生，我们可以为环境做的就是好好进行垃圾分类，实行垃圾分类的好处是显而易见的。垃圾分类后，会被送到工厂而不是填埋场，这样既节省了土地，又避免了填埋或焚烧所产生的污染，还可以变废为宝，避免二次污染。而且，如果我们先做好了垃圾分类，就可以保护环境，减少土地被垃圾占用，还可以对一些可回收的再生资源进行重复利用呢。

只有我们从心底重视人类与环境的关系，我们才能更加明白垃圾分类的重要意义，才能做到在每一个生活细节中自我约束。

# 第九课
## 爱惜物品

人类生活离不开各种物品，虽然它们没有生命，但是对我们的生命成长起到了很大的作用。正是它们的默默奉献，我们的生活才变得如此美好。我们应该善待它们，爱护它们，合理地使用它们，充分发挥它们的价值。

# 神奇的纸巾

从前，有个小男孩，他每天要用好多纸巾，吃了东西，他要用纸巾擦擦嘴，再拿一张新的纸巾擦擦手，最后还需要一张纸巾擦擦衣服。

这天，爸爸买回一筒纸巾，说这是"神奇牌"纸巾，跟以前的不一样。小男孩想看看，纸巾究竟神奇在哪里。他拉出一截，没什么神奇；他把纸巾拉到阳台上，也没什么神奇；再把纸巾拉到楼梯上，还是没什么神奇；纸巾被拉得长长的，一直拉到小区外面；再拉到市民广场，绕过一棵棵粗粗的树。小男孩跑啊跑，拉啊拉，纸巾怎么也拉不完……跑啊跑，拉啊拉，小男孩回头一看，树林不见了！

他扔了纸巾，惊叫着跑回家："爸爸，爸爸，树林没有啦！"爸爸说："制造纸巾要用树木做原料，你用掉了这么多纸巾，树林当然就没有啦！"为了让树林回到市民广场，小男孩又跑回去，一边跑，一边卷……跑啊跑，卷啊卷，纸巾全都卷了回来，市民广场的树林又回来了。小男孩真高兴啊！

小朋友们，木材是制造纸巾的原料，纸巾用得越多，耗费的树木就越多。因此，我们在家或者在学校的时候，应该根据自己的需求用纸，节约用纸。爱护身边的每一样公共设施，从身边小事做起，让世界变得更美好。

## 圆桌派

1. "神奇牌"纸巾的神奇之处在哪儿？它是用什么制作的？

_____

_____

_____

2. 在我们学校的洗手间里，除了纸巾还有哪些公共物品？它们的作用是什么？

_____

_____

_____

3. 在我们身边，有哪些人为了维护公共物品而做出努力？

_____

_____

_____

## ◎ 活动坊

### 活动1：读一读

1. 小草微微笑，请你把路绕。

2. 爱护桌椅，它们就会焕然一新，让你感到更舒服。

3. 厕所卫生要注意，干净整洁常保持。

4. 珍惜水、保护水，让水造福人类。

5. 提高自我修养，爱护公共设施。

6. 爱护公物，放慢脚步，彼此尊重，和谐相处。

### 活动2：数一数

同学们，在校园中桌椅是每个学生都拥有的公共物品，请你调查一下班级里的桌椅。数一数有几张是完好无损的，有几张是有轻微破损的，有几张是破损严重的，并记录在下列表格中。

| 状况 | 完好无损 | 有轻微破损 | 破损严重 | 总计 |
|------|---------|-----------|---------|------|
| 班级的桌椅 | | | | |

## ◎ 拓展营

**拓展：想一想**

我们的身边有很多物品，有的是常见的，有的是稀少的；有的是专用的，有的是公共的……它们都给我们的生活带来便利。

爱护物品，人人有责。请选一件生活中常见的物品，并设计出一个保护它的标语。

## 珍惜每一张纸

宋代著名的书法家米芾，小时候曾经跟村里的一个私塾先生学写字。学了三年，费了好多纸，却写得很平常，先生一气之下把他赶走了。一天，有个赶考的秀才从米芾的家乡路过。米芾听说他的字写得很好，就去求教。

秀才知道了他的来意，了解了一些他平时练习书法的情况后，秀才说道："要我教你，就得用我的纸才行。我的纸五两纹银一张。"米芾听后，吓得目瞪口呆。秀才又说："不买我的纸就算了。"米芾急了，忙说："我找钱去。"母亲经不住米芾的苦苦哀求，只好把唯一的首饰当了五两纹银。秀才接过银子，把一张纸给了米芾，并嘱咐他要用心写字。

这只不过是一张普通的纸，但米芾不敢轻易下笔，反复地琢磨字帖。他用手指在书桌上画着，想着每个字的间架结构和笔锋，渐渐入了迷。三天过后，秀才找到米芾问："怎么不写呢？"米芾一惊，说："纸太贵，怕废了纸。"秀才笑道："你琢磨了这么半天，写个字让我看看。"

于是，米芾拿起笔，写了个"永"字。秀才一看，字写得漂亮极了。于是问道："为什么你以前三年都学不会，而现在三天就能写好呢？"米芾回答道："还不是因为纸贵，我舍不得乱写。不瞒你说，这三天，我就反复琢磨字帖，把字的笔画和间架结构都琢磨透了。"秀才高兴地说："这就对了，学写字不单要动笔，还要动心；不但要观其形，还要悟其神，只有心领神会，才能写好。现在你已经懂得窍门了。"

几天后，秀才要走了，临行前送给米芾一个布包，并叮嘱要在他走后再打开。米芾目送秀才远去，打开布包一看：原来是那五两纹银！米芾不禁掉下了眼泪。此后，他一直把那五两纹银放在书桌上，时刻铭记那位苦心教他写字的秀才。

# 综合活动（三）

# 辩论赛：人类应不应该使用塑料袋

正方：人类应该使用塑料袋

反方：人类不应该使用塑料袋

背景知识：

1. 塑料袋的发明

1902 年 10 月 24 日，奥地利科学家马克斯·舒施尼在实验室中凑巧打翻了火棉胶，发现它冻结后会变成坚韧而有弹性的物料，从而发明了塑料袋。这种包装物既轻便又结实，在当时无异于一场科技革命，人们外出购物时顿感一身轻松，不需要携带任何东西，因为商店、菜场都备有免费的塑料袋。

2. 废塑料垃圾的处理

（1）废塑料制品混在土壤中不断累积，会影响农作物吸收养分和水分，导致农作物减产。

（2）抛弃在陆地上或水体中的废塑料制品，被动物当作食物吞入，导致动物死亡。

（3）废塑料随垃圾填埋不仅会占用大量土地，而且被占用的土地长期得不到恢复，影响土地的可持续利用。进入生活垃圾中的废塑料制品如果将其填埋，200年的时间不能够降解。

家庭小调查：

连续7天，记录自己家丢弃的塑料袋数量，做好统计，并请你估计一个月（按30天）你家丢弃塑料袋的个数，并记录下来。

|  | 星期一 | 星期二 | 星期三 | 星期四 | 星期五 | 星期六 | 星期日 | 总计 |
|---|---|---|---|---|---|---|---|---|
| 丢弃个数 |  |  |  |  |  |  |  |  |

3.关于辩论赛的小知识

辩论赛人数一般一组分为四个人，两组八个人，分为正方和反方，由抽签决定正反方。

辩论赛可各用一个字概括为：一辩"启"，二辩"承"，三辩"转"，四辩"合"。辩论赛是整体的作战方式，讲究启承转合。

"启"于辩论，意即阐明己方的基本立场和基本观念，并表明基本的逻辑关系和己方以后三位的基本思路，即开题。

"承"于辩论，在一个特定的角度来深化我方的基本立场和理论，展开论述我方的核心观念。

"转"于辩论，即在对方的立场理论发表之后，根据我方的立场予以反驳,并在确凿材料的基础上进一步发挥我方的立场。

"合"于辩论，则是总结，把我方的所有观点放在一个新的高度，加以概括，并对对方的理论和观点进行总结性的反驳，有一种登高一呼的味道。而四辩，承担的就是"合"的责任。

# 第 十 课
## 学 习 使 我 进 步

"好学不倦者，必成大器。"学习是我们获得知识的重要途径，只有坚持学习，知识才会更加丰富，思维才会更加敏捷，才能不断进步。只有坚持不断学习，知识才会更加丰富，思维才会更加敏捷，才能不断进步。

# 林肯读书的故事

1809 年 2 月 12 日，林肯出生在美国肯塔基州一个穷苦农民家的小木屋里。因为家里穷，他没有机会上学。他一生中进学校上学的时间加起来不到一年。他的母亲能阅读，但从来没有学过写字，而他的父亲也仅能写自己的名字。

林肯小时候在母亲的鼓励下，开始阅读，他被书籍强烈地吸引着。他 7 岁开始上学，每星期只去学校两三天。从那时起，他开始了自己的启蒙教育。他把燃烧过的木头当成铅笔，在粗糙的木板上练习写字母。夜晚，他向母亲大声朗诵《圣经》，还反复阅读《伊索寓言》。

十几岁时，林肯从50里范围内的所有邻居那里寻找并借回很多书，包括《本杰明·富兰克林自传》《华盛顿的一生》《天路历程》。他抓住一切机会认真阅读。当其他小伙伴在山上玩捉迷藏游戏的时候，他却手捧书本在一棵树下阅读。吃完饭后，他又很快拿起书本。

9岁时，林肯深爱的妈妈不幸去世。他和姐姐用读母亲最喜欢的《圣经》章节的方式来安慰母亲的在天之灵。

21岁时，林肯决定外出，最后在一个住有100多个新移民、位于西部边境的小村庄安顿下来。这个小村庄有6位受过大学教育的人，其中包括两位知识渊博的内科医生，他们允许林肯随时借阅他们的书籍。

在此后的 7 年，林肯做过两份工作，都是允许他可以长时间读书而不受打扰的工作。第一份工作是商场店员，第二份工作是邮递员。他在接待顾客之余，广泛阅读了哲学、科技、宗教、文学、法律和政治学方面的书籍。事实上，通过阅读，他自己授予了自己一个优等的大学毕业文凭。

1837 年,28 岁的林肯虽然连小学一年级都没毕业，却已经是伊利诺依州的执业律师了。

1861 年，林肯通过参加竞选，成为美国第十六任总统。他就是美国历史上最伟大的总统之一，亚伯拉罕·林肯。

## 🌀 圆桌派

1. 林肯是怎样让自己成为一个博学的人的？

_____

_____

_____

_____

2. 你还知道哪些学习使人进步的故事？

_____

_____

_____

_____

## ◎ 活 动 坊

### 活 动 1： 想 一 想

　　同学们，学习是怎样改变我们人类的生活的呢？我们平时见过的很多发明创造是怎么来的呢？请和大家一起分享。

### 活 动 2： 小 组 展 示

　　请选择一个对人类生活非常重要的发明创造，通过小组合作的方式，用 PPT 将这个发明创造产生的过程和应用场景展示给大家。

## ◎ 拓展营

### 拓展：试一试

　　飞机是我们人类最重要的发明之一，请发挥你的聪明才智，看看谁折的纸飞机飞得更远，飞的时间更长。为什么？

## ◎ 小视野

### 士别三日，当刮目相看

　　三国的时候，孙权手下有一位名将叫吕蒙。吕蒙小时候家里很穷，没有机会读书，所以学识浅薄，见识也不广。

　　有一天，孙权很认真地对吕蒙说："你担任的官职很重要，应该多读点书，增长自己的见识，这样才能把自己的事情做好。"吕蒙听了，很为难地说道："我现在整天打仗，恐怕没有时间读书。"孙权听了，开导他说："我的公务也很繁忙，但我平时只要有时间，就会读一些史书和兵书，获益很大。希望你不要因为打仗就不读书了，读书是一辈子的事情。"

吕蒙听了孙权的话，受到了很大的启发。从这时候开始，吕蒙下定决心，一有空就读书，学识进步很快。有一次，学识丰富的鲁肃和吕蒙一起讨论国家大事。在谈话中，吕蒙充分运用自己平时在书中学到的知识，说话非常有道理。谈话结束的时候，鲁肃很高兴地拍了拍吕蒙的背，说："以前我以为你只是在军事方面有本事，现在才知道你学问也很好啊，见解独到，你再也不是以前吴下的那个阿蒙了！"吕蒙笑笑，说道："士别三日，当刮目相看，你怎么能用老眼光看我呢？"

以后，鲁肃便常常和吕蒙一起商讨国家大事，他非常重视吕蒙给他提的一些建议，对吕蒙的学识和才能也非常赏识，非常佩服。

# 第十一课
## 努力就好

知名画家、作家、教育家刘墉曾说:"你可以一辈子不登山,但你心中一定要有座山。它使你总往高处爬,它使你总有个奋斗的方向,它使你任何一刻抬起头,都能看到自己的希望。"

# 达·芬奇的故事

　　莱奥纳多·达·芬奇是意大利文艺复兴时期的著名画家、科学家、发明家。

　　达·芬奇从小喜欢绘画，父亲决心为儿子找一位好的画画老师，于是送他去拜名画家韦罗基奥为师。老师给达·芬奇上的第一节课是"画蛋"，而且足足让他画了十多天。开始时，他听从老师的教导，画了一个又一个，后来老师见他有些不耐烦了，便对他说："不要以为画蛋容易，你要知道，1000 个蛋中从来没有两个是完全相同的；即使是同一个蛋，只要变换一下角度去看，形状也就不同了，蛋的椭圆形轮廓就会有差异。所以，要在画纸上把它完美地表现出来，非得下番苦功不可。"达·芬奇听进了老师的话，从此用心学习素描，经过长期勤学苦练，终于创作出许多不朽的名画。

达·芬奇不仅擅长绘画、雕刻，还通晓数学、生物学、物理学、天文学、地质学等多门学科。达·芬奇的手稿中约15000页的笔记与绘画都是艺术与科学的融合，他的艺术作品中蕴含了大量科学知识，其精密复杂程度甚至可以与现代科学技术相媲美。达·芬奇画出了大量的人体结构图，比如骨骼图、肺脏、肠系膜、泌尿道等，他还是第一个画出子宫中胎儿、腹腔中阑尾的人。

达·芬奇着迷于飞行现象，他对鸟类的飞行进行了详细的研究，策划了数部飞行机器，包括直升机设计图、轻型滑翔翼等；他心中萌生了"变速"概念，便致力于研究并设计草图，这些草图对后来的汽车、拖拉机等的变速机制都有很大启发；他还凭着热爱设计潜水艇、机关枪、人力或以马拉动的武装坦克车、子母弹、军用降落伞。他一生凭着自己的热爱，专注于自己感兴趣的事,实现了自己的梦想,感受到了幸福。

## ◎ 圆桌派

1. 你认为达·芬奇为什么能实现梦想，成就自己？

_____

_____

_____

2. 通过达·芬奇的故事，你学到了什么人生道理？

_____

_____

_____

## ◎ 活动坊

**辩论赛**

正方：我认为努力的结果更重要

反方：我认为努力的过程更重要

## ◎ 拓展营

**拓展：交流会**

在你的成长过程中，你曾为了自己心中的梦想一直不断努力吗？在这个过程中你收获了什么？请和同学们进行交流。

## ◎ 小视野

### 享受努力的过程

刘墉在他的书里面写到，一次和自己的孩子去历史博物馆玩。一位工作人员给了孩子一本盖章的书，只要去每一个展厅盖章，集齐全部的章，就可以换到礼物。所以，小孩到处找盖章的地方，没有像曾经去博物馆时那样认认真真地关注展品。回来的路上，只顾玩奖品，又错过了路上的风景。

在生活中，我们是选择过程还是结果？结果重要，人生的过程更重要。在可以选择的时候，选择主动努力，好过被动努力。不论成功还是失败，都只是一时的得失，重要的是，要在努力的路上持续前进。至于过程的结果，只是一个赠送品。

每个人都有追求自己生活幸福的权利，而想要实现梦想就必须努力。有句话是这样说的："机遇总是留给有准备的人。"别人会获得成功，必定有他的过人之处。或许是别人吃了很多你没有吃过的苦，最后厚积而薄发，而你只看到了他成功时的掌声鲜花。

得到，是一个很漫长的过程，不可能一蹴而就。你需要的，去用心努力就好，不要着急，不要慌张，属于你的东西，正在来的路上。事业上，不急不躁，成功注定属于你。面对麻烦的事，越急躁，越会使人做事集中不了注意力，对生活失去热情，对日常生活中的一些美好视而不见。其实，只要我们转换心态，放松对自己的逼迫，让自己的精神不急躁，放缓慢和轻松，尽力把自己该做的做好，自然会有收获。

# 第十二课
# 电影世界

电影是怎么来的呢？有哪些人为电影事业做出过突出贡献呢？你们喜欢看什么类型的电影？让我们走进电影世界，欣赏自己喜欢的电影吧。

# 电影的诞生

艺术大致分为文学、戏剧、绘画、音乐、舞蹈、雕塑、电影。电影与其他艺术相比，只有一百多年的历史。1895年12月28日，在巴黎的一家咖啡馆里，法国人卢米埃尔兄弟用他们发明的"活动电影机"首次放映了《火车进站》《水浇园丁》《婴儿的午餐》《工厂的大门》等十余部影片。这是世界上第一次电影的公开放映，每部电影只有1分钟。这一天在电影史上被称为电影的诞生日，卢米埃尔兄弟被公认为电影的发明者。

卢米埃尔兄弟是电影和电影放映机的发明者，兄弟俩改造了美国发明家爱迪生创造的"西洋镜"，通过投影放大了它的动态画面，让更多人可以同时观看。

卢米埃尔兄弟对电影的研制非常感兴趣，希望能够攻克研制的难题，拿出真正的电影。1894年年底的一个晚上，弟弟路易斯在设计一张胶片模拟图时，突然想到：用缝纫机缝制衣服时，衣料不正是在做"一动一停"的运动吗？当缝纫机的针插入布料时，布料不动；当缝纫机的针缝起来，退针时，布料会向前移动。这不是类似于胶片传输所需的方法吗？于是，他兴奋地告诉哥哥奥古斯特，可以用类似缝纫机压脚那样的机械所产生的运动来拉动片带。当牵引机件再次上升时，尖爪便从下端的孔中出来，使胶片静止不动。经过实验，路易斯的想法确实是可行的。后来，奥古斯特在一篇文章中说："我弟弟在一个夜晚发明了活动电影机。"此外，兄弟俩还利用许多科学家的研究成果，对原始的电影进行了诸多改进。

1895 年 12 月 28 日，在卢米埃尔兄弟的邀请下，巴黎的一些社会名流来到卡普辛大街 14 号大咖啡馆的地下室观看电影。观众在黑暗中看到了白布上的写实画面。有记者报道："一辆马车被一匹奔腾的马拉着迎面跑来，坐在我旁边的一位女客人看到这一幕吓得猛地站了起来。"这就是世界上第一部真正意义上的电影，它意味着电影技术的成熟。后来，人们把 1895 年 12 月 28 日这一天定为电影的诞生日，卢米埃尔兄弟也因此被称为"现代电影之父"。

## ◎ 圆桌派

1.卢米埃尔兄弟为了促成电影诞生，做了哪些事情？

_____

_____

_____

2.第一部电影，带给观众什么感受？

_____

_____

_____

3.在你看的众多电影中，哪一部电影给你留下最深刻的

印象？为什么呢？

_____

_____

_____

## ◉ 活动坊

### 活动：动画作品盛宴

同学们，每个年代都有其经典的影视作品，其中不乏孩子们爱看的经典动画片。那你知道爸爸妈妈、叔叔阿姨、哥哥姐姐们小时候喜欢看的动画片是什么吗？让我们穿越回去，一起重温吧。

80年代：《葫芦兄弟》是国内原创经典动画作品之一，自1986年播出以来，一直受到广大观众，尤其是少年儿童们的喜爱。作品讲述了7只神奇的葫芦里诞生了本领超群的七兄弟。为救亲人，他们前赴后继，展开了与妖精们的周旋。

90年代：《玩具总动员》是皮克斯的动画系列电影，截至2019年共制作了四部，由华特·迪士尼影片公司和皮克斯动画工作室合作推出。讲述了两个玩具主角牛仔警长胡迪和太空骑警巴斯光年的故事。

00年代：《喜羊羊与灰太狼》主要讲述在羊历3513年，青青草原上，羊羊族群已经十分兴旺发达。在羊羊一族里面已经有小镇，有学校，有超市，有美容院，所有羊羊族群的羊都幸福快乐地生活着，并一次次成功地抵御了以灰太狼为首的狼族的进攻。

10年代：《冰雪奇缘》是2013年迪士尼3D动画电影，迪士尼成立90周年纪念作品，改编自安徒生童话《白雪皇后》。该影片讲述小国阿伦黛尔因一个魔咒永远地被冰天雪地覆盖，为了寻回夏天，安娜公主和山民克里斯托夫以及他的驯鹿搭档组队出发，展开了一段拯救王国的历险。

## ◎ 拓展营

### 拓展：我最喜欢的电影角色

同学们，在你们看过的众多电影中，你最喜欢哪部电影里的哪个角色呢？还记得他（她）的经典台词是什么吗？小组交流，议一议你心中最喜爱的电影角色吧。

## ◎ 小视野

### 电影小知识

1.电影的诞生

根据视觉暂留原理，它是一种利用摄影将外界事物的影像记录在胶片上，通过投影过程在屏幕上创造出运动的影像，以表达一定内容的一种艺术形式。科学实验证明，在一定的视觉图像消失后，人眼仍能使物体在视网膜上停留 0.1 至 0.4 秒。目前看到的电影都是基于这种"视觉暂留"的理论。图片以每秒 24 帧的恒定速度转动，使一系列静态图片由于视觉暂留的效果填补图片之间的空隙，从而造成连续的视觉印象，产生逼真的运动感。

1894—1895 年，法国卢米埃尔兄弟制造了可以在白屏上投影图像的电影机，真正的电影终于诞生了。

早期的电影是黑白无声电影。然而，为影片增添色彩的尝试几乎是在影片诞生的同时开始的。电影的首次配音是通过现场人工操作完成的。1928 年，世界上第一部音画同步的有声电影问世。配音设备是"维他风"系统，通过机械连接装置驱动大型录音记录，营造音画同步效果。这种方法很快被光学录音系统所代替。彩色电影在其原始阶段也是手动操作的。直到 1935 年三色的彩色系统问世，才拍出了第一部真正的彩色电影。

2. 蒙太奇

源自法语，montage 的音译，本义是建筑学上的构成和装配，用于电影艺术中，则具有组装和构图的意思。在电影创作中，根据主题的需要、情节的发展，以及观众的关注度，将整部电影要表达的内容分解成不同的段落、场景、镜头，分别进行处理和拍摄。然后，按照最初的创作构思，运用艺术手法，将这些镜头、场景、段落进行有逻辑、有节奏的重新组合，使它们通过图像之间的互补和对立关系相互影响。连贯、对比、呼应、联想、悬念等效果构成了一个连续有机的艺术整体——一部充分反映生活、表达思想、条理连贯、生动感人的影片。这种构成一部完整电影的独特表达方法被称为蒙太奇。

3. 什么是定格？

定格是电影镜头中使用的技巧手法之一。它的表现是屏幕上显示的运动图像突然停止，变成静止画面。定格是动作的瞬间"凝结"，表现出雕塑般的静态美，用来突出或渲染某个场景、某种风度、某个细节等。具体制作方法是，选取所拍摄镜头中的某一格画面，通过印片机重复印片，使得这一停止画面延伸到所需长度。根据镜头剪辑的需要，定格处理可以是从动（活动画面）到静（定格画面），也可以是从静（定格画面）到动（活动画面）。在某些情况下，如影片的结尾处，会用定格来表示故事的结束，或者借此给观众留下难忘的体验。

# 综合活动（四）

# 话剧表演

**内容简介：** 本剧主要讲了在班会课上，老师让同学们分享自己的远大理想，张小鹏同学因为找不到自己的理想而感到沮丧。经过同班同学的关怀与陪伴，张小鹏找到了属于自己的理想，并决定为之奋斗！

角色：

张小鹏：男，性格朴实，不善言辞，较为胆怯。

杜美美：女，班长，开朗活泼，热情大方。

李浩：男，自信乐观，举止从容。

熊大坤：男，头脑灵活，上课爱开小差。

班主任：女，耐心细致，循循善诱。

## 第一场（地点：教室）

[序曲]叮叮叮，上课铃声响了，同学们陆陆续续回到自己的座位上。

[开场] 班主任拿着粉笔在黑板上板书：你的理想是什么？并转过头来说道："上课！"

杜美美：起立！

全班同学：老师好！

班主任：同学们好！请坐。

（全班同学整整齐齐地坐回到自己的座位上。）

班主任：同学们，今天李唯校长在国旗下给我们讲述了关于理想的故事，那么老师想问问同学们，你们的理想是什么呢？

杜美美：我的理想是当一名画家！

班主任：为什么想当一名画家呢？

杜美美（高兴地）：因为呀，在这个暑假，我爸爸妈妈带我去了巴黎的卢浮宫，我被里面精美的艺术品给震撼了，大师们的作品让我热泪盈眶，我也想像他们一样成为举世瞩目的大画家！

班主任（笑了笑）：很不错！小美同学从看世界到感悟世界，在艺术世界里找到了自己的理想。那么，老师有个问题想问问小美，既然你的理想是当一名画家，那你需要怎么去努力呢？

杜美美（思考了一下）：唔，我想我应该先好好学习文化课知识，在学习文化课的同时努力学习画画技能！

班主任（满意地点点头）：嗯，非常好，那有没有其他同学来说说自己的理想是什么？

李浩（自信地站起来）：我想当一名钢琴演奏家！从小妈妈就让我学习钢琴，我现在已经过了钢琴八级了，我想长大后我也要像郎朗那样，走出国门，在维也纳的金色大厅里为世界演奏音乐！

班主任：李浩说他想当一名钢琴演奏家，老师相信他能够做到的！

（班主任环顾了下四周，发现熊大坤正往嘴里塞零食）

班主任（严肃地说道）：熊大坤！你来说说看，你的理想是什么？请你站起来回答。

熊大坤（手忙脚乱地站起来说）：我想当一名美食家（一

脸笑容），吃遍全世界的美食！

班主任（微微笑了一下）：好，既然你想当一名美食家，那么你知道怎么才能成为一名美食家吗？

熊大坤（嬉笑）：就是吃很多东西呗。

班主任：是，没错。美食家需要尝遍世间百味，但美食家更需要有一个清晰有逻辑的头脑，能够辨别食物之间微妙的不同，以及好的文采，能够写出让人信服的美食文章，明白吗？

熊大坤（摸了摸头，嬉笑地说）：知道了，老师！

班主任：同学们，今天很多同学都说了自己的理想，老师这里想读一段话给同学们听。"理想是石，敲出星星之火；理想是火，点燃熄灭的灯；理想是灯，照亮夜行的路；理想是路，引你走到黎明。"同学们！有了理想，才能更好地激励我们努力前行！在今天的班会课上，老师想请同学们想一想自己的理想是什么？并把它写下来，附上你需要为实现这个理想做出哪些努力。

**第二场（地点：教室）**

张小鹏同学一直低着头，手中的笔一直在转啊转，却始终落不下一个字。

这时，同桌杜美美注意到了，她轻轻地拍了下张小鹏的肩膀。

杜美美（好奇地）：怎么啦小鹏，怎么还不写呀？

张小鹏（支支吾吾地）：我……我不知道写什么……我不知道自己的理想是什么？

杜美美：写理想就是写自己想做的事情啊！

张小鹏：我不知道自己长大后想做什么……

熊大坤（插了句嘴说）：小鹏什么都不会，长大后只能去当清洁工咯。

杜美美（生气地说）：大坤，你怎么可以这样说话！每一份职业都是值得尊敬的！没有高低贵贱之分！

杜美美（转过头对张小鹏说）：小鹏，咱们别理他！你就写自己想做的事情就好了。你还记不记得，在科学课上，老师夸你小实验做得特别好！做得特别仔细认真！你说不定长大后能成为一名科学家呢！

张小鹏（胆怯地说）：我真的能成为一名科学家？

杜美美：当然啦！你肯定可以的！

李浩（也附和道）：我也觉得小鹏可以的！小鹏做事情既耐心又认真，这种永不放弃的精神特别值得我们学习！你长大后肯定可以当一名科学家的！

张小鹏听了同学们的鼓励，顿时有了一丝信心！小鹏在本子上一字一字地写道：我长大后要成为一名伟大的科学家！加油！

班主任：同学们！今天的主题班会到此结束，每一位同学都写了自己的远大理想，老师希望同学们能以此为目标，好好奋斗，成为那个最好的自己！终有一天，你们会实现自己的理想的！

# 生命关怀为本  幸福发展至上

帕克·帕尔默在《教学勇气》中强调:"教师留在学生内心深处的一定是关怀和爱。学生或许记不住当年你曾教给他的知识,但你对他的关怀和爱,却让他刻骨铭心。"

人渴望被关怀的愿望无处不在,尤其是对于教育活动中的受教育者而言。关怀,本质上是一种关系。它最基本的表现形式是个体与个体、个体与自然之间的一种连接和接触。教育应当从关系入手,好的教育都是从关怀和信任关系的建立开始的。从某种意义上来说,教育者和受教育者之间的关怀关系能否建立将直接影响教育的成效,因为关怀是全部教育过程中的一个至关重要的问题。教育中的师生关系理应是一种充满了关怀和爱的特殊的人际关系。对于学生而言，当受到教师关怀时，他们内心的生命潜能会极大地被激发，使得他们愿意为给予自己关怀和爱的人而努力拼搏、积极向上。对于教师而言，最幸福的事莫过于看到学生对于自己关怀行为的接纳和回应，即自己的教育关怀促进了学生个体生命的成长。

"小学生生命关怀书系"作为全国教育科学"十三五"规划课题"基础教育学校关怀文化培育的实践研究"（课题批准号FHB180604）的研究成果，以关怀教育为着力点，让个体生命在与他人遇见、连接、理解中不断开放和敞亮自我，重视彼此生命的体验和感受，建立彼此平等、信任、自在的"我—你"关系，让个体生命在"经历"和"体验"中学习关怀的知识以及习得关怀的能力。一个拥有关怀力的个体生命才有可能与他人构建健康的、友善的、温情的、充满了关怀和爱的关系，也才更容易感受到来自他人的关怀和爱。在充满关怀和爱的关系中，个体双方彼此都乐于倾听、乐于了解、乐于分享、乐于共担，继而才有可能获得完整幸福的人生。正如内尔·诺丁斯所说："幸福就是知道有许多人爱我，我也爱许多人。"

"小学生生命关怀书系"总计有六册，每年级一册，既可以作为校本教材使用，也可以作为学生的课外阅读书籍。本书系旨在培养学生的关怀素养和关怀能力，让个体生命在拥有了关怀力后变得"诚实、谦逊、接纳、包容、感恩、充满希望"。本书系根据小学生身心成长特点和教育发展规律，按照六大主题进行编写。

第一册：《我的微笑很灿烂》。本册的主题是微笑。微笑是人类最美的语言，也是全世界的通用语言。不同种族、不同年龄的人都能接收到微笑所表达的善意、鼓励、宽容和期待。一个始终对他人、对世间万物保持微笑的人才有可能以积极、乐观的心态面对人生路上的一切艰难险阻，才能最终获得人生的幸福。通过本册书的学习，学生学会向自己、向他人、向世间万物发出来自心底的微笑，借由微笑释放关怀信号，传递善意，释放爱心和温暖。

第二册：《你的声音很动听》。本册的主题是倾听。歌德认为："对别人述说自己，这是一种天性；认真对待别人向你叙说他自己的事，这是一种教养。"倾听既是一种教养，也是对他人的尊重、理解和支持。通过本册书的学习，培养学生学会倾听自己、倾听他人、倾听世间万物述说的习惯和能力，使学生能够接受来自他人的意见、建议、关注和关爱，并能予以积极友善的回应。

第三册：《我的关怀很温暖》。本册的主题是遇见。一生中，我们会遇见父母、亲人、老师、同学、朋友和世间的万事万物，所有的相遇都会形成一种关系。通过本册书的学习，培养学生感受关怀和爱的能力，鼓励学生用心去感受各种关系中所释放出来的温暖与善意，能心随身到，设身处地与他人、他物共情。

第四册：《你的心意很温馨》。本册的主题是理解。理解是构建个体与个体之间良好关系的关键。多一分理解，就多一分温暖；多一分理解，就多一分感动；多一分理解，就多一分融洽；多一分理解，就多一分美好。通过本册书的学习，使得学生明白理解永远是相互的，在理解他人善意和关怀的同时，打开自己的身心，释放自己的善意与回应，各自的生命状态才会出现积极可喜的变化，个体生命之间才能建立关怀关系。

第五册：《我的成长很快乐》。本册主题是悦纳。成长是个体生命的必经之路，人的成长没有既定的路径图，个体在各自的生命成长中都会体会到不同的快乐、不同的烦恼以及相似的痛苦经历。通过本册书的学习，使得学生可以从他人的成长经历中获得借鉴、汲取经验，从而可以悦纳自我和他人，在悦纳中感悟人生的真谛，在克服困难中不断成长为最好的自己，并享受自我成长的快乐。

第六册：《你的梦想很美丽》。本册主题是憧憬。每个人都拥有对未来的憧憬，可是"未来不是我们要去的地方，而是需要我们去创造的地方"。通过本册书的学习，使得学生不仅能够正确地认识自我、认识世界、认识未来，还能积极地做好身心各方面的准备，主动地去拥抱未来、创造未来。

"小学生生命关怀书系"的编写，得到了很多专家和同人的大力支持。首先，我要感谢中国教育学会常务副会长刘堂江先生、南京师范大学资深教授班华先生、北京师范大学教育学部学术委员会主席檀传宝教授、教育部教育发展中心副主任陈如平研究员、深圳市罗湖教科院附属学校校长李隼博士，感谢他们对本书系的编写给予的大力支持和精心指导；其次，我要感谢黄蓓红、王杰、吴湘梅、范营嫒、王凯莉、何佳华、曹聪、胡禛、杨秋玲、李亚文、饶珊珊、毛婷婷、陈怀超，感谢他们在编写过程中不辞辛劳多方查找资料所付出的辛勤劳动；书中精美的插图是由陈怀超、万逸琳、余启健、黄惠慈所绘，在此一并表示感谢；我还要感谢知识出版社社长姜钦云先生，当我刚有编写这套书的设想时就得到了他的高度认同和鼓励，他还从一个出版人的角度给出了宝贵的专业意见；最后，我特别要感谢檀传宝教授在百忙中为本书系所作的序言，作为国内倡导、研究关怀教育第一人，檀传宝教授不仅帮助我们厘清了关怀教育的真谛，还勉励我们在教育教学实践中努力探索实现真正有效的关怀。

英国著名教育家怀特海认为："教育的目的在于激发和引导学生走上自我发展之路。"而关怀则是激发和引导学生走上自我发展之路的最佳途径之一。沉浸在爱和关怀的氛围中，个体生命的潜能是无限的。我相信，"小学生生命关怀书系"在给学生们的童年生活带来难忘的体验的同时，也将促使他们学会关怀自我，关怀他人，关怀知识，关怀自然和物质世界，在他们个体生命成长过程中留下永恒的记忆。相信他们在今后的人生道路上，只要拥有了关怀力，不论遇到任何艰难险阻，都能保持积极乐观的心态去解决问题，创造属于自己的未来。

李　唯

2021 年 2 月　于深圳